BEI GRIN MACHT SICH IHR WISSEN BEZAHLT

AF144297

- Wir veröffentlichen Ihre Hausarbeit,
  Bachelor- und Masterarbeit

- Ihr eigenes eBook und Buch -
  weltweit in allen wichtigen Shops

- Verdienen Sie an jedem Verkauf

Jetzt bei www.GRIN.com hochladen und kostenlos publizieren

Die Problematik der Einführung einer "Corona-App" im Lichte des Grundrechtsschutzes

Katharina Grunenberg

Bibliografische Information der Deutschen Nationalbibliothek:

Die Deutsche Nationalbibliothek verzeichnet diese Publikation in der Deutschen Nationalbibliografie; detaillierte bibliografische Daten sind im Internet über http://dnb.d-nb.de abrufbar.

ISBN: 9783346384478
Dieses Buch ist auch als E-Book erhältlich.

© GRIN Publishing GmbH
Nymphenburger Straße 86
80636 München

Druck und Bindung: Books on Demand GmbH, Norderstedt Germany
Gedruckt auf säurefreiem Papier aus verantwortungsvollen Quellen

Das vorliegende Werk wurde sorgfältig erarbeitet. Dennoch übernehmen Autoren und Verlag für die Richtigkeit von Angaben, Hinweisen, Links und Ratschlägen sowie eventuelle Druckfehler keine Haftung.

Das Buch bei GRIN: https://www.grin.com/document/1004813

**FOM Hochschule für Oekonomie & Management
Dortmund**

Berufsbegleitender Studiengang

zum Bachelor of Laws (LL.B.) – Steuerrecht

4. Semester

Scientific Essay im Modul

Verfassung- und Verwaltungsrecht

über das Thema

**Die Problematik der Einführung einer ‚Corona-App' im
Lichte des Grundrechtsschutzes**

Autorin: Katharina Grunenberg

Abgabedatum: 10. Juli 2020

Lünen, 26. Juni 2020

Inhaltsverzeichnis

Abkürzungsverzeichnis

RKI – Robert Koch Institut

DS-GVO – Datenschutzgrundverordnung

1. Einleitung

Seit im Dezember 2019 erstmalig das Corona Virus in der chinesischen Stadt Wuhan auftrat, stehen nahezu alle Länder der Welt und auch die Bundesrepublik Deutschland vor einer Herausforderung, die es in so einem Ausmaß seit dem zweiten Weltkrieg nicht mehr gab.

Es wird mindestens ein Jahr dauern, bis ein Impfstoff zur Verfügung stehen wird. Bis zum heutigen Zeitpunkt gibt es weltweit 8.974.795 Menschen, die sich mit dem Corona Virus infiziert haben und 469.159 Tote im Zusammenhang mit diesem Virus. Die Verbreitung des Virus ist nicht unter Kontrolle und muss soweit wie möglich hinausgezögert werden, damit die Gesundheitssysteme und medizinischen Einrichtungen nicht überfordert werden.

Hier werden zahlreiche Maßnahmen ergriffen. Eine der neusten Methode, die Infektionskette nachzuvollziehen und Neuinfektionen zu vermeiden ist die Corona-App. Seit Mitte Juni 2020 kann man die App kostenlos herunterladen. Sie soll dazu dienen, Personen anonym zu informieren, wenn sie mit einer infizierten Person in Kontakt getreten war. In zahlreichen Ländern der Welt gab es massive Einschränkungen für im öffentlichen und privaten Leben der Bürger. [1]

In diesem Scientific Essay wird zunächst die Funktion der Corona-App erläutert und auf die sich ergebenen Einschränkungen eingegangen. Im nächsten Schritt werden die Grundrechte und deren Einschränkungen in der Corona-Krise erläutert, sowie die Problematik des Grundrechtschutzes im Hinblick auf die Corona-App. Abschließend wird in einem Fazit die Meinung der Verfasserin dargestellt und die Problematik zusammengefasst.

---

[1] Vgl. *World Health Organization,* WHO Coronavirus Disease (Covid-19), 23.06.2020.

2. Corona-App

Die Corona-App wird von dem Robert Koch-Institut (RKI) zur Verfügung gestellt. Das RKI ist eine zentrale Einrichtung des Bundes im Bereich der Öffentlichen Gesundheit und handelt im Namen der gesamten Bundesregierung. Die App ist freiwillig und niemand ist verpflichtet diese herunterzuladen. Sie ist kostenlos und kann von Android und Apple Nutzern aus den entsprechenden Stores runtergeladen werden, die eine Betriebssystem haben, das mindesten iOS 13 oder Android 6 hat. Bei Android Smartphones funktioniert das Bluetooth nur, wenn die Standortermittlung eingeschaltet ist. Die Standorte werden aber nicht gespeichert. Die App ist für Personen gedacht, die mindestens 16 Jahre alt sind und sich in Deutschland befinden. Die Entwickler sind die beiden Eidgenössisch Technischen Hochschulen Zürich und Lausanne, sowie die Schweizer Softwarefirma Ubique.

Die Corona-App soll erfassen, wenn sich Menschen mit an Corona Virus erkrankten Menschen begegnet sind. Durch diese App werden Situationen aufgezeichnet, wenn zwei Smartphones länger als 15 Minuten näher als 1,5 Meter in Kontakt kommen. Es werden Begegnungen aufgezeichnet, indem die Smartphones über Bluetooth verschlüsselte Zufallscodes austauschen. Die Abstände werden ebenfalls über die Stärke des Bluetooth-Signals gemessen. Das geschieht ohne Internetnutzung. Erkrankt eine Person an dem Corona Virus, so kann diese das in die App eingeben. Die Menschen, die in der ansteckenden Phase mit dieser Person in Kontakt getreten sind und durch die Corona-App aufgezeichnet wurden, werden dann anonym über das mögliche Infektionsrisiko informiert. Die Warnmeldung kann erst empfangen werden, wenn das Smartphone mit dem Internet verbunden ist. [2]

---

[2] Vgl. *Salzmann,* So funktioniert die neue Corona-App, 2020, S.12.

Die Daten werden nur lokal auf dem Smartphone erfasst und nach drei Wochen wieder gelöscht. Wird die App erstmalig geöffnet, muss bestätigt werden, dass im Rahmen der Risiko-Ermittlung personenbezogene Daten verarbeitet werden dürfen, denn bei einer Infektion werden Gesundheitsdaten verarbeitet. Wird dieser Verarbeitung nicht zugestimmt, so kann die App nicht die Kontaktauszeichnungsfunktion nutzen. Die App wird durch den Datenschutzbeauftragten des RKI als datenschutzkonform bewertet.

Datenschutzkonform bedeutet hier, dass die App freiwillig heruntergeladen und angewendet wird. Es gibt eine sehr enge Zweckbindung, die Daten werden pseudonymisiert werden und nach Ablauf der Infektionsgefahr vernichtet werden. Bei der Pseudonymisierung werden Name oder ein anderes Identifikationsmerkmal durch einen Quellcode ersetzt. [3]

Die App unterteilt den Risikostatus in drei Stufen: Das erhöhte, ein niedriges und ein unbekanntes Risiko. Wird eine Person festgestellt, die sich mit dem Virus infiziert hat, so berechnet die App für jeden den persönlichen Risikostatus anhand der Kontaktdauer und des Abstandes. Ein unbekanntes Risiko wird Personen zugewiesen, die die Risiko-Ermittlung nur kurz aktiviert hatten und dadurch kein Infektionsrisiko mit ausreichender Sicherheit berechnet werden konnte. Das niedrige Risiko beschreibt den Kontakt mit infizierten Personen, der aber mit großem Abstand stattfand oder mit Personen, die nachweislich nicht infiziert waren. Das erhöhte Risiko wird angezeigt, wenn in den letzten 14 Tagen mindestens eine infizierte Person kontaktiert wurde.

Diese betroffenen Personen können dann zwar keine Ansteckung vermeiden, sondern andere Personen durch Selbstisolation vor einer Ansteckung schützen. So wird das Virus nicht weiterverbreitet und die Infektionsketten werden schnell durchbrochen.

---

[3] Vgl. *Jähne,* Das Corona-Virus im Zeitalter des Datenschutzes, 2020.

Die App ist eine digitale Ergänzung zu den ohnehin geltenden Maßnahmen, wie dem Abstandhalten, dem Händewaschen und dem Tragen eines Mund- und Nasenschutzes, zur Eindämmung des Virus. Erhält man eine Warnung von der App, dass man mit einer infizierten Person in Kontakt war, ist man nicht verpflichtet zuhause zu bleiben. Die App schlägt allerdings einen Anruf bei der Infoline des Bundesamts für Gesundheit vor und bietet einen kostenlosen Labortest für die Betroffenen an, die durch die App gewarnt wurden.

Durch die Corona-App werden die Probleme der Nachverfolgung von allen Kontaktpersonen erleichtert. Ist eine Person positiv auf das Corona Virus getestet worden, so muss das Gesundheitsamt jeden Fall persönlich verfolgen und alle Kontaktpersonen finden. Das ist äußerst schwierig, denn viele Menschen erinnern sich nicht an alle Kontaktpersonen. Denn je mehr Kontaktpersonen über das Infektionsrisiko informiert werden, desto weniger kann sich das Virus weiterverbreiten. [4]

2.1. Technische Beschränkungen bei der Anwendung der Corona-App

Die Abstände zwischen den Menschen werden durch die Bluetooth-Signale ermittelt. Befinden sich allerdings Hindernisse zwischen den Menschen, so wird dieses Signal abgeschwächt, wodurch es zu einer Verfälschung des Abstandes kommt. Außerdem erkennt die App nicht, ob die Menschen durch Masken oder Plexiglasscheiben bereits geschützt sind. Daher kann es zu Fehlalarmen kommen und eine Infektionsrisiko bei Situationen anzeigen, die nicht riskant waren. Die Entwickler der App können eine Sicherheitslücke nicht ausschließen, die Hacker nutzen könnten.

---

[4] Vgl. *Die Bundesregierung,* Corona-Warn-App, 2020

3. Grundrechte

Grundrechte sind den Individuen zustehende Rechte gegenüber dem Staat. Sie sind unveräußerlich, einklagbar und dauerhaft und sind im Grundgesetz niedergeschrieben. Als Grundrecht werden angesehen: die Menschenwürde, die persönliche Freiheit, die Gleichheit, die Glaubens- und Gewissensfreiheit, die Meinungsfreiheit, der Schutz von Familie und Ehe, die Versammlungsfreiheit, die Vereins- und Koalitionsfreiheit, die Freizügigkeit, die freie Wahl der Ausbildung und des Berufs, die Unverletzlichkeit der Wohnung, das Briefgeheimnis, das Eigentum, das Erbrecht, der Schutz vor Ausbürgerung und Auslieferung, das Asylrecht und das Beschwerde- und Petitionsrecht.

Die meisten Grundrechte stehen jedem Menschen zu, einigen allerdings nur Menschen mit deutscher Staatsangehörigkeit. [5]

3.1. Einschränkungen der Grundrechte in der Corona-Krise

Dem Gesetzgeber wird es aufgrund des Infektionsschutzgesetzes ermöglicht, Maßnahmen gegen die Verbreitung des Virus zu erlassen. Die Behörden sind dazu befugt, solange es Infektionen gibt. Das Wirtschafts- und Gesellschaftsleben, sowie die Grundrechte der einzelnen Menschen können dadurch eingeschränkt werden. Durch die Maßnahmen werden vor allem die Grundrechte der persönlichen Freiheit, die Versammlungsfreiheit, die Freizügigkeit und die Unverletzlichkeit der Wohnung. Die Rechte der persönlichen Freiheit bedeuten, dass alle Handlungen, erlaubt sind, die nicht verboten sind oder wodurch Rechte von anderen Menschen verletzt werden. Das Recht der persönlichen Freiheit umfasst, dass man sich innerhalb Deutschlands frei bewegen und auch das Land verlassen darf. Sie werden durch die Schließungs- und Ausgehbeschränkungen verwirkt.

---

[5] Vgl. *Weber,* Grundrechte, 2019.

Durch das Recht der Unverletzlichkeit der Wohnung dürfen nur Polizisten bei Gefahr oder Lebensgefahr die Wohnung betreten. In der Zeit der Corona-Krise darf ein Amtsarzt die Wohnung auch unter Zwang betreten, wenn eine Infektion bei diesem Menschen vorliegt. [6]

4. Problematik des Grundrechtsschutzes im Hinblick auf die Corona-App

Die Einführung der Corona-App wirft Fragen in Bezug auf den Schutz der informationellen Selbstbestimmung und des Datenschutzes auf. Das Recht auf die informationelle Selbstbestimmung beinhaltet das Recht, selbst über die Preisgabe und Verwendung persönlicher Daten zu bestimmen. Es gehört zu dem Datenschutzgrundrecht, welches im Grundgesetz allerdings nicht ausdrücklich erwähnt ist, sondern auf einer Rechtsprechung des Bundesverfassungsgerichts beruht. Die Einführung der Corona-App wirft die Frage auf, ob diese gesetzlich geregelt werden sollte.

Durch die Corona-App werden Gesundheitsdaten verarbeitet. Diese Daten sind gemäß Artikel 9 Absatz 1 DS-GVO besonders schützenswerte Daten. Die Verarbeitung dieser Daten wird nur erlaubt, wenn sie im Rahmen der Gesundheitsvorsorge erforderlich sind und von Personen mit einer Berufsgeheimnispflicht verarbeitet werden. Sie ist auch erlaubt, wenn sie in den öffentlichen Interessen der öffentlichen Gesundheit verlangt wird, um grenzüberschreitende Gesundheitsgefahren zu vermeiden.

Die DS-GVO setzt allein schon voraus, dass die Corona-App durch eine gesetzliche Norm geregelt werden sollte. Der Europäische Datenausschuss hat dazu eine Stellungnahme veröffentlicht.

---

[6] Vgl. *Jesgarzewski*, Staatliche Maßnahmen in der Corona-Krise, 2020.

Danach sollte eine Institution bestimmt werden, die technisch und datenschutzrechtlich für die App verantwortlich ist und es sollten die Institutionen benannt und veröffentlicht werden, die mit diesen Daten arbeiten und diese offenlegen.

Es fehlt eine Rechtsnorm, die die Verwendung der App, die Datenverarbeitung und Auskunft über eine Kontaktperson erlaubt und den Zweck festlegt, dass die App ausschließlich zur Ermittlung von Kontaktpersonen genutzt werden darf. In diesem Gesetz sollte bestimmt werden, dass die Nutzung der App auf freiwilliger Basis erfolgt sowohl hinsichtlich des Downloads als auch in Bezug auf die Angabe einer Infektion.

Niemand darf zur Benutzung der App im privaten Rechts- und Geschäftsverkehr gezwungen werden. Dadurch soll eine Diskriminierung verhindert werden, dass zum Beispiel Arbeitnehmer keine arbeitsrechtlichen Folgen zu erwarten haben oder Menschen bestimmte Einrichtung unter der Voraussetzung der Benutzung der Corona-App betreten dürfen. Die zu verarbeitenden Datenkategorien und Löschfristen sollten klar definiert werden. Des Weiteren sollte die Weiterverarbeitung der Daten und die Anonymisierung fest geregelt sein. Die angewendeten Quellquodes und Algorithmen sollten regelmäßig abgenommen werden.

Mit einem Gesetz wird auch eine Datenschutz- Folgeabschätzung gemäß Artikel 35 Absatz 10 DS-GVO verlangt, die eine umfassende Risikobewertung von Verarbeitungsvorgängen erfasst. Abschließend sollte das Gesetz eine Auslaufklausel erlassen, die bestimmt bis wann die Nutzung der Corona-App durchgeführt wird und wann sie nicht mehr nötig ist. [7]

---

[7] Vgl. *Johannes*, Bedarf an und Inhalt eines Gesetzes für Corona-Tracing-Apps, 2020.

In Bezug auf die personenbezogenen Daten stellt sich die Frage, ob in jeder Hinsicht anonyme Daten vorliegen. Selbst wenn davon auszugehen ist, dass die übermittelten Daten in jedem Fall anonym sind, bleibt immer noch das Risiko, dass einzelne Nutzer den Infizierten durch das Ausschlussprinzip identifizieren. Steht ein Nutzer nur in Kontakt mit wenigen Menschen, so kann er nach einer Warnmeldung den Infizierten leicht identifizieren. Im Hinblick auf die Pseudonymisierung sollte auch das Problem der Zurückverfolgung der Identität beachtet werden. Dies führt zu einer erheblichen Rechtsunsicherheit.

Die App kann nur wirksam Infektionsketten durchbrechen, wenn sie von einem großen Teil der Bevölkerung heruntergeladen und genutzt wird. Hierdurch kann ein sozialer oder politischer Druck entstehen, der die Freiwilligkeit der App in Frage stellt. Das kann vor allem passieren, wenn die App nicht die gewünschten Nutzerzahlen erbringt.

Es stellt sich ebenfalls die Frage, ob die Anwendung der App auch ohne Einwilligung zulässig sein sollte. Zunächst einmal wäre dafür eine gesetzliche Grundlage nötig, wenn personenbezogene Daten verarbeitet werden sollen. Selbst im Fall, dass keine personenbezogenen Daten durch die App verarbeitet würden, würde ein Grundrechtseingriff in die Handlungsfreiheit vorliegen. Es ist zu beachten, dass es Menschen gibt, die gar kein Smartphone besitzen. Durch eine Nutzungspflicht müsste jeder Bürger ein Handy bei sich tragen und wäre verpflichtet das Bluetooth Signal nicht abzuschalten. Um einen entsprechenden Nutzen zu erzielen, müssten effiziente Kontrollen durchgeführt werden. Im Gegensatz zur Maskenpflicht ist das nicht umzusetzen. [8]

---

[8] Vgl. *Kühling/ Schildbach*, Corona-Apps-Daten- und Grundrechtsschutz in Krisenzeiten, 2020, S.1545.

5. Fazit

Durch die Corona Krise befindet sich unsere Bevölkerung in einem Ausnahmezustand. Keiner weiß wie lange dieser noch anhalten wird. Um die Infektionskette zu unterbrechen, werden verschiedene Maßnahmen getroffen. Viele Maßnahmen schränken die Grundrechte ein. Die Corona-App stellt ein gutes Hilfsmittel dar, um frühzeitig Kontakte mit infizierten Personen zu erkennen und alle betroffenen Kontaktpersonen zu informieren. Es bleibt allerdings abzuwägen, welche Einbußen die Menschen dafür in ihren Grundrechten akzeptieren sollten.

Insgesamt bleiben in Bezug auf die Corona-App weiterhin große datenschutzrechtliche Unsicherheiten. Es fehlt ein umfassendes Datenschutzkonzept. Die Menschen sind verunsichert und wollen ihre Daten nicht preisgeben.

Meines Erachtens sind eine Datenschutzpflicht und gesetzlich geregelte Norm nötig, damit die Menschen die Corona-App nutzen können, ohne Angst zu haben, dass ihre Daten missbräuchlich verwendet werden.

Letztendlich muss entschieden werden, ob eine entsprechende Pflicht einer Corona-App und der damit verbundene Eingriff in die Grundrechte einen Schutz von Grundrechten wahrt oder einschränkt. Hier stehen sich die Grundrechte der staatlichen Schutzpflicht, sowie die informationelle Schutzbestimmung gegenüber. Durch die mögliche Einführung der Corona-App-Pflicht kommt der Staat seiner Aufgabe der Schutzpflicht nach. Die Corona-App müsste allerdings die mildeste Schutzmaßnahme darstellen und wäre meines Erachtens zum Beispiel möglich, um Ausgangssperren zu verhindern. Die freiwillige Nutzung der App ist aus meiner Sicht insoweit schon ein großer Fortschritt, um die Corona-Pandemie einzudämmen, die allerdings auch Nachteile mit sich bringt.

Es muss immer beachtet werden, dass die Grundrechte der Menschen bewahrt werden. Daher sollte die App staatlich normiert und geprüft werden. Zusammenfassend ist festzustellen, dass unsere Datenschutzgrundverordnung insoweit überarbeitet werden sollte, dass in Krisenzeiten schnell eine grundrechtskonforme Lösung erarbeitet werden kann.

Literaturverzeichnis

Die Bundesregierung (Corona-Warn-App, 2020) Corona-Warn-App Die wichtigsten Fragen und Antworten, 15.06.2020 (zitiert: Vgl. *Die Bundesregierung*, Corona-Warn-App, 2020.)

Jesgarzewski, Prof. Dr. Tim (Staatliche Maßnahmen in der Corona-Krise, 2020) Staatliche Maßnahmen in der Corona-Krise, in: NWB WAAAH-46413, 14.06.2020

(zitiert: *Jesgarzewski*, Staatliche Maßnahmen in der Corona Krise, 2020.)

Salzmann, Niklaus (So funktioniert die neue Corona-App, 2020) So funktioniert die neue Corona-App, in: Aargauer Zeitung, 23.06.2020, S. 12 (zitiert: Vgl. *Salzmann,* So funktioniert die neue Corona-App, 2020, S.12.)

Weber, Klaus (Grundrechte, 2019) Grundrechte, in: Creifelds Rechtswörterbuch, 23. Edition 2019 (zitiert: Vgl. *Weber,* Grundrechte, 2019.)

Jähne, Ina (Das Corona-Virus im Zeitalter des Datenschutzes, 2020) Das Corona-Virus im Zeitalter des Datenschutzes, in: NWB DAAAH-46146 (zitiert: Vgl. Jähne, Das Corona-Virus im Zeitalter des Datenschutzes, 2020.)

Johannes, RA. Paul C.	(Bedarf an und Inhalt eines Gesetzes für Corona-Tracing-Apps, 2020) Bedarf an und Inhalt eines Gesetzes für Corona-Tracing-Apps, in: C.H. Beck ZD-Aktuell Heft 9/20 (zitiert: Vgl. *Johannes,* Bedarf an und Inhalt eines Gesetzes für Corona-Tracing-Apps, 2020.)
Kühling, Dr. Jürgen *Schildbach, Roman*	(Corona-Apps - Daten- und Grundrechtsschutz in Krisenzeiten, 2020) Corona-Apps - Daten- und Grundrechtsschutz in Krisenzeiten, in: C.H. Beck Neue Juristische Wochenschrift Heft 22/20, S. 1545 (zitiert: Vgl. *Kühling/ Schildbach,* Corona-Apps-Daten- und Grundrechtsschutz in Krisenzeiten, 2020, S. 1545.)
World Health Organization	(WHO Coronavirus Disease (Covid-19), 2020) WHO Coronavirus Disease (Covid-19) Dashbord, 23.06.2020 11.17 Uhr (zitiert: Vgl. *World Health Organization,* WHO Coronavirus Disease (Covid-19), 23.06.2020.) https://covid19.who.int/

BEI GRIN MACHT SICH IHR
WISSEN BEZAHLT

- Wir veröffentlichen Ihre Hausarbeit,
  Bachelor- und Masterarbeit

- Ihr eigenes eBook und Buch -
  weltweit in allen wichtigen Shops

- Verdienen Sie an jedem Verkauf

Jetzt bei www.GRIN.com hochladen
und kostenlos publizieren